BEI GRIN MACHT SICH IHR WISSEN BEZAHLT

- Wir veröffentlichen Ihre Hausarbeit, Bachelor- und Masterarbeit

- Ihr eigenes eBook und Buch - weltweit in allen wichtigen Shops

- Verdienen Sie an jedem Verkauf

Jetzt bei www.GRIN.com hochladen und kostenlos publizieren

Bibliografische Information der Deutschen Nationalbibliothek:

Die Deutsche Bibliothek verzeichnet diese Publikation in der Deutschen Nationalbibliografie; detaillierte bibliografische Daten sind im Internet über http://dnb.d-nb.de/ abrufbar.

Dieses Werk sowie alle darin enthaltenen einzelnen Beiträge und Abbildungen sind urheberrechtlich geschützt. Jede Verwertung, die nicht ausdrücklich vom Urheberrechtsschutz zugelassen ist, bedarf der vorherigen Zustimmung des Verlages. Das gilt insbesondere für Vervielfältigungen, Bearbeitungen, Übersetzungen, Mikroverfilmungen, Auswertungen durch Datenbanken und für die Einspeicherung und Verarbeitung in elektronische Systeme. Alle Rechte, auch die des auszugsweisen Nachdrucks, der fotomechanischen Wiedergabe (einschließlich Mikrokopie) sowie der Auswertung durch Datenbanken oder ähnliche Einrichtungen, vorbehalten.

Impressum:

Copyright © 2010 GRIN Verlag, Open Publishing GmbH
Druck und Bindung: Books on Demand GmbH, Norderstedt Germany
ISBN: 978-3-668-18720-7

Dieses Buch bei GRIN:

http://www.grin.com/de/e-book/319502/sexualisierte-kriegsgewalt-als-waffe-eine-untersuchung-anhand-des-bosnienkrieges

Janina Jasencak

Sexualisierte Kriegsgewalt als Waffe. Eine Untersuchung anhand des Bosnienkrieges im ehemaligen Jugoslawien

GRIN Verlag

GRIN - Your knowledge has value

Der GRIN Verlag publiziert seit 1998 wissenschaftliche Arbeiten von Studenten, Hochschullehrern und anderen Akademikern als eBook und gedrucktes Buch. Die Verlagswebsite www.grin.com ist die ideale Plattform zur Veröffentlichung von Hausarbeiten, Abschlussarbeiten, wissenschaftlichen Aufsätzen, Dissertationen und Fachbüchern.

Besuchen Sie uns im Internet:

http://www.grin.com/

http://www.facebook.com/grincom

http://www.twitter.com/grin_com

Freie Universität Berlin
Otto-Suhr-Institut für Politikwissenschaft
Wintersemester 2009/10
Proseminar "GENDER – Frauen, Kultur und Politik in der Bundesrepublik Deutschland"

Sexualisierte Kriegsgewalt als Waffe

Janina Jasencak

Studiengang Judaistik/AVL
3. Fachsemester

Inhaltsverzeichnis

1. Einleitung..1
2. Funktion von sexualisierter Gewalt in Kriegen.........................2
   - 2.1. ... als sexueller Ausdruck von Aggression........................2
   - 2.2. ... als Angegriff auf das männliche Beschützergebot........2
   - 2.3. ... als Angriff auf die Kultur des Gegners........................3
   - 2.4. ... zur Demonstration der Besitzansprüche des Siegers...3
   - 2.5. ... zu Propagandazwecken..4
3. Sexuelle Gewalt gegen Frauen in Jugoslawien..........................4
4. Juristische Verfolgung...5
   - 4.1. Der lange Weg zur Strafe...5
   - 4.2. Die Prozesse des ICTY...6
   - 4.2.1. Der „Čelebići-Prozess" und das Urteil gegen Anto Furundzija...6
   - 4.2.2. Der „Foča-Prozess"..6
5. Langfristige Folgen für die Opfer..8
6. Ansätze der Enttabuisierung und Verfolgung...........................9
7. Schlussbetrachtung...10
8. Literaturverzeichnis..12

1. Einleitung

In allen Kriegen spielt sexualisierte Gewalt gegen Frauen als Waffe eine wichtige Rolle und findet regelmäßig und massenhaft Anwendung. Formen der sexuellen Ausbeutung und Folter wie Zwangsprostitution, 'Kriegsehen' und Vergewaltigungen werden in Konflikten angewandt und als Kriegswaffe und Behauptung männlicher Dominanz eingesetzt. Auch soll mit der Unterwerfung des weiblichen Körpers die Integrität der feindlichen Kultur getroffen werden.[1] Dies ist jedoch keine Erscheinung der Neuzeit, sondern Begleiterscheinung eines jeden Krieges. So ist in „… der Geschichte (…) fast kein bewaffneter Konflikt bekannt, in dem es nicht zu sexualisierter Gewalt an Frauen gekommen wäre."[2] Beispiele für solche Kriegsverbrechen von Männern sind Zwangsprostitution in Wehrmachtsbordellen und japanischen Kriegsbordellen, die Vergewaltigungen von Nanking 1937 durch japanische Besatzungssoldaten während des Zweiten Weltkrieges oder auch die zahlreichen Vergewaltigungen in den eroberten Ostgebieten und in Deutschland Ende des Zweiten Weltkrieges. Trotzdem wurden Vergewaltigungen in Kriegen lange Zeit nicht als Kriegsverbrechen anerkannt.[3] Die Genfer Konvention verurteilte Vergewaltigungen als unerlaubtes Mittel der Kriegsführung, dennoch dauerte es bis zum Jahr 2001, bis Täter zur Verantwortung gezogen wurden. In einem wegweisenden Prozess zu den Verbrechen in der bosnischen Stadt Foča verurteilte das Internationale Kriegsverbrechertribunal für das ehemalige Jugowlawien in Den Haag erstmals Kriegsverbrecher wegen der gezielten Ausübung sexueller Gewalt.

In dieser Arbeit soll zunächst untersucht werden, welche Funktionen sexualisierter Gewalt gegen Frauen im Krieg erfüllt. Am Beispiel des Bosnienkrieges im ehemaligen Jugoslawien von 1992 bis 1995 wird diese verdeutlicht.[4] Die juristische Verfolgung der Taten am ICTY wird unter Punkt 4 erläutert, besonders auf den so genannten Foča Prozess gehe ich auf Grund seiner historischen Bedeutung näher ein. Unter den langfristigen Folgen der sexuellen Gewalt leiden die Opfer auch nach Beendigung des Krieges. Möglichkeiten der gesellschaftlichen Enttabuisierung werden unter Punkt 6 aufgezeigt.

---

1 Vgl. von Braunmühl, Claudia: Geschlechterdimensionen gewalttätig ausgetragener Konflikte in der Internationalen Politik. Januar 2008. S.8
2 Palt, Alexandra: Kriegsverbrechen: Massenvergewaltigung. In: ai-Journal 06/2000, S.1. Zitiert nach Förster, Angelika: Vergewaltigung im Krieg und seine Strafverfolgung durch den Internationalen Gerichtshof in Den Haag 2002. S.2
3 Obwohl dem Militärgerichtshof eindeutige Aussagen vorlagen, wurden Verbrechen sexueller Gewalt waehrend des Zweiten Weltkrieges nicht angeklagt. Vgl. Palt, A. 06/2000. S.1. In: Förster, Angelika. S.3
4 Auf die historischen Hintergründe, in denen Erklärungen für die tiefen Gegensätzlichkeiten der südslawischen Völker liegen und somit auch die Ursachen für ihren gegenseitigen Hass, kann ich in dieser Arbeit leider nicht eingehen.

2. Funktion von sexualisierter Gewalt in Kriegen
2.1. ... als sexueller Ausdruck von Aggression

In jedem Krieg und Bürgerkrieg gehört die Vergewaltigung vom Frauen der jeweils anderen Partei zum Kriegsalltag.[5] Massenvergewaltigungen im Krieg widerlegen die Legende von der unbezähmbaren Triebhaftigkeit des Mannes, die in dessen Natur liege, und sie widerlegen den Mythos von der Vergewaltigung als Ausdruck von Sexualität. Vielmehr bietet der Krieg als Ausdruck von aggressiver Männlichkeit den institutionellen Rahmen und die Legitimation dafür, um Angehörigen des Gegners alle Formen von Gewalt zuzufügen. Vergewaltigung ist kein aggressiver Ausdruck von Sexualität, sondern ein sexueller Ausdruck von Agression.[6]

2.2. ... als Angegriff auf das männliche Beschützergebot

Vergewaltigungen können im Kontext von Kriegen als der letztliche symbolische Ausdruck der Erniedrigung des männlichen Gegners betrachtet werden. Der weibliche Körper wird zum Territorium, auf dem die Dominanz der einen über die andere Gruppe ausgetragen wird. Er repräsentiert auf der Ebene von Sprache und Symbolen den Volkskörper; dies zeigt sich in nationalen Sinnbildern wie der französischen Marianne, der Britannia oder Germania.[7] Zudem besteht eine zentrale Aufgabe von Frauen in bewaffneten Konflikten darin, durch die Geburt von potentiellen (männlichen) Kämpfern die eigene Gruppe zu erhalten und zu vergrößern.[8] Sexualisierte Gewalt gegen Frauen der 'feindlichen' Seite enthalten eine Botschaft: Ihre Nation, ihre Kultur wird in und mit den Frauen diffamiert, die den Frauen zugefügte Gewalt dient ebenso der Demütigung der Männer. Ihnen wird vermittelt, dass sie außerstande sind, die Integrität der Nation sowie die Frauen zu schützen und die intakte Reproduktion ihrer Gemeinschaft zu sichern.[9] Es verwandelt sich „ the body of a raped woman [in] a ceremonial battlefield... The act that is played out upon

---

5 Vgl. Brownmiller, Susan: Gegen unseren Willen. Vergewaltigung und Männerherrschaft. Frankfurt a. M. 1980. Zitiert nach: Wasmuth, Ulrike C.: Warum bleiben Kriege gesellschaftsfähig? Zum weiblichen Gesicht des Krieges. Opladen 2002. S.97
6 Vgl. Seifert, Ruth: Krieg und Vergewaltigung. Ansaetze zu einer Analyse. Zitiert nach: Stiglmayer, Alexandra (Hg): Massenvergewaltigung. Krieg gegen die Frauen. Freiburg 1993. S. 86
7 Vgl. Seifert, Ruth: Mass Rapes in Bosnia-Herzegovina and Elsewhere: A Pattern of Cultural Destruction. In: Swiss Peace Foundation (Ed.), War Against Women: The Impact of Violence on Gender Relations. Report of the 6th Annual Conference 16/17 September 1994. Bern: Swiss Peace Foundation 1995. S.81. Zitiert nach: Engels, Bettina und Chojnacki, Sven: Krieg, Identität und die Konstruktion von Geschlecht. November 2007. S.7
8 Vgl. Moghadam, Valentine M.: Introduction and Overview. In: Moghadam, Valentine M. (Ed.): Gender and National Identities. London/New York 1994. S.18. Zitiert nach ebd. S.7
9 Vgl. Alsion, Miranda: Wartime sexual violence: women's human rights and questions of masculinity. In: Review of International Studies, 33. 2007. S. 75-90. Zitiert nach: von Braunmühl, Claudia: Geschlechterdimensionen gewalttätig ausgetragener Konflikte in der Internationalen Politik. Januar 2008. S.7

her is a message between men – vivid proof of victory for one and loss and defeat for the other."[10]

2.3. ... als Angriff auf die Kultur des Gegners

Die Gewalt, die an Frauen verübt wird, zielt auf die körperliche und personelle Integrität einer Gruppe ab. Auf diesem Hintergrund gewinnen die Massenvergewaltigungen, die kriegsimmanent sind, neue Bedeutung. „Sie sind keineswegs Akt sinnloser Brutalität, sondern kulturzerstörerische Akte mit strategischer Raison."[11]
Anlässlich der Massenvergewaltigungen in Bangladesh 1971 war ein indischer Schriftsteller überzeugt, dass es sich um ein geplantes Verbrechen gehandelt hatte. Es sei derart systematisch und flächendeckend vergewaltigt worden, dass nur bewusste, militärische Taktik habe dahinter stehen können. Der Verdacht regte sich in ihm, dass damit eine neue Rasse geschaffen und das bengalische Nationalgefühl ausgelöscht werden sollte.[12]

2.4. ... zur Demonstration der Besitzansprüche des Siegers

Vor allem unmittelbar nach Kriegen wurden Massenvergewaltigungen der besiegten Frauen von Seiten der Sieger bekannt. Auch hier werden mit diesem Unterwerfungsakt die Kriegsverlierer gedemütigt, deren Frauen in Besitz genommen und als 'Siegertrophäe' benutzt wurden.[13]
Die Ohnmacht der Besiegten und Angegriffenen und die Allmacht der Sieger und Angreifer gehören zum Krieg wie auch das Ziel, tief ins Innere des Landes des Angegriffenen vorzudringen: Demoralisierung, Verlust, Niederlage und Fremdbestimmung für den einen und Sieg, Erhabenheit, Gewinn und Selbstbestimmung für den anderen. Und genau die Parallele zwischen der Landnahme des Gegners einerseits und der 'Inbesitznahme' von deren Frauen andererseits zeigt den nicht nur im Kriegsgeschehen tief verankerten Besitzanspruch der Männer auf Frauen auf: Frauen gehören neben dem Sach- und Immobilieneigentum des Gegners zu dessen Besitz.[14]

---

10 Brownmiller, Susan: Against our will: men, woman and rape. New York 1975. S. 38. Zitiert nach: Zwingel, Susanne: Was trennt Krieg und Frieden? Gewalt gegen Frauen aus feministischer und völkerrechtlicher Perspektive. In: Harder, Cilja und Rosz, Bettina (Hrsg.): Geschlechterverhältnisse in Krieg und Frieden. Perspektiven der feministischen Analyse internationaler Beziehungen. Opladen 2002. S.178
11 Seifert, Ruth: Krieg und Vergewaltigung. Anätze zu einer Analyse. In: Stiglmayer, Alexandra (Hg): Massenvergewaltigung. Krieg gegen die Frauen. Freiburg 1993. S.98
12 Vgl. Brownmiller, Susan: Gegen unseren Willen. Vergewaltigung und Männerherrschaft. Frankfurt a.M. 1978. S.89. in Seifert, Ruth. Ebd. S.98
13 Vgl. Wasmuth, Ulrike C.: Warum bleiben Kriege gesellschaftsfähig? Opladen 2002. S.98
14 Vgl. Ebd. S.98

2.5. ... zu Propagandazwecken

Vergewaltigungen wurden stets relativiert, d.h. sie sind am einfachsten zu behaupten, am schwersten zu beweisen und am leichtesten zu bestreiten.[15] Damit soll ausgedrückt werden, dass grundsätzlich immer nur die 'andere Seite' vergewaltigt, die 'eigene Seite' macht das auf Grund ihrer angeblich höheren Integrität nicht. „Im Konflikt zwischen Serbien und dem Kosovo verknüpfte eine geschickte Propaganda systematisch die Angst vor der Vergewaltigung serbischer Frauen mit der Sorge serbischer Männer, die Symbolik als Kämpfer und Verteidiger der Nation realiter nicht entsprechen zu können und eben dies umso mehr unter Beweis stellen zu müssen."[16] Stets wurden Zahlen von Vergewaltigungen und grausame Schilderungen einzelner Fälle benutzt, um Kriegspropaganda zu betreiben bzw. um Allianzen zu mobilisieren. Das ist z.B. auch während des Krieges auf dem Balkan geschehen, was Belgrader Feministinnen veranlasst hat zu schreiben:

„Zum erstenmal in der Geschichte wird Vergewaltigung im Krieg Thema der höchsten internationalen politischen Spitzen. Aber das Motiv ihres Interesses ist nicht der Schutz von Frauenrechten, sondern die Instrumentalisierung der Frauen zum Ziel von Kriegspropaganda und weiterem Antreiben des Hasses unter den Völkern. Das Leiden der Frauen wird zur Rechtfertigung für die Eskalation militaristischer Aktionen und einer möglichen Militärintervention."[17]

3. Sexuelle Gewalt gegen Frauen in Jugoslawien

„In Bosnien-Herzegowina wird Krieg gegen Frauen geführt. Nicht deshalb, weil sie Frauen sind, sondern weil sie moslemische, kroatische oder serbische Frauen sind. Doch weil sie Frauen sind, wird auf sie die wirkungsvollste Waffe angesetzt, die Männer haben: Vergewaltigung."[18]

Die Vergewaltigungen in Bosnien-Herzegowina unterschieden sich von anderen Kriegsvergewaltigungen darin, dass sie einen militärischen Sinn hatten.

Bosnische Serben führten mit Unterstützung der serbischen Serben einen Angriffs-, Vertreibungs- und Vernichtungskrieg von 1992 bis 1995 gegen bosnische Moslems und zum Teil auch gegen bosnische Kroaten.

Mit eigens zum Zwecke der Vergewaltigung bzw. der sexuellen Folter eingerichteten

---

15 Vgl. Brownmiller, Susan: Gegen unseren Willen. Vergewaltigung und Männerherrschaft. Frankfurt a.M. 1980. S.53. Zitert nach: Wasmuth, Ulrike C.: Warum bleiben Kriege gesellschaftsfähig? Opladen 2002. S.98
16 Bracewell, Wendy: Rape in Kosovo: Masculinity and Serbian Nationalism. In: Nations and Nationalism. 6/4 2000. S.563 – 590. Zitert nach: von Braunmühl, Claudia: Geschlechterdimensionen gewalttätig ausgetragener Konflikte in der Internationalen Politik. Januar 2008. S. 7
17 So in einem Flugblatt der „Frauen in Schwarz gegen den Krieg", o.J., o.O. Zitiert nach Wasmuth, Ulrike C.: Warum bleiben Kriege gesellschaftsfähig? Opladen 2002. S.99
18 Stiglmayer, Alexandra (Hg): Massenvergewaltigung. Krieg gegen die Frauen. Freiburg 1993. S.17

Lagern in der Mitte Europas hatte die Gewalt gegen Frauen eine neue Stufe erreicht. Nach Ermittlungen einer Untersuchungskommission der Europäischen Gemeinschaft mussten die Massenvergewaltigungen und sadistischen Folterungen von Frauen in Bosnien-Herzegowina als systematische und befohlene Aktion betrachtet werden, die Anzahl der vergewaltigten Frauen wird mit 40.000 angegeben[19]. Es gebe auch zahlreiche Zeugenaussagen, die belegen, dass Vergewaltigungen als wichtiges Element der serbischen Kriegsstrategie betrachtet werden. [20]

In Bosnien-Herzegowina gingen die sexuellen Angriffe auf Frauen einher mit der Vertreibung der muslimischen Bevölkerung. Die Kultur und der innere Zusammenhalt gegnerischer Gruppen soll zerstört werden. Es ist kein Einzelfall, dass Frauen nach ihrer Misshandlung von ihren Familien verstoßen wurden, dass diese schwanger und solange in Lagern festgehalten wurden, bis sie die Kinder aus den Vergewaltigungen ausgetragen hatten, dass zahllose Frauen in den Selbstmord getrieben, dass dörfliche und familiäre Gemeinschaften zerstört wurden.[21] Zudem wurden Busse mit Frauen in hohen Schwangerschaftsmonaten über die feindlichen Linien zurückgeschickt - „meistens mit zynischen Aufschriften über die zu gebärenden Kinder auf den Fahrzeugen".[22] Dies sollte der kollektiven Erniedrigung der betreffenden Kriegspartei dienen, weil nun der Todfeind als Erzeuger der Kinder mitten unter ihnen war.[23]

Die systematische Anwendung von Gewalt gegen Frauen wurde öffentlich als weit verbreitete Kriegsstrategie anerkannt.

4. Juristische Verfolgung
4.1. Der lange Weg zur Strafe

Schon in den ersten Kodifizierungen des humanitären Völkerrechts ist Gewalt gegen Frauen in internationalen Konflikten thematisiert worden: Sowohl die Haager Konventionen von 1907 als auch die Genfer Konventionen von 1949[24] verbieten Vergewaltigung als eine Form von 'Misshandlung von Zivilpersonen'. Vergewaltigung wird als Verbrechen gegen die Ehre der Frau definiert, nicht gegen ihr Recht auf physische

---

19 Vgl. UNFPA 2007, Zitiert nach: von Braunmühl, Claudia: Geschlechterdimensionen gewalttätig ausgetragener Konflikte in der Internationalen Politik. Januar 2008. S.9
20 Vgl. Seifert, Ruth: Krieg und Vergewaltigung. Freiburg 1993. S.86
21 Vgl. Wasmuth, Ulrike C.: Warum bleiben Kriege gesellschaftsfähig? Opladen 2002. S.98
22 Seifert, Ruth: Krieg und Vergewaltigung. Freiburg 1993. 92
23 Vgl. Niarchos, Catherine N.: Women, War, and Rape: Challenges Facing The International Tribunal for the Former Yugoslavia. In: Human Rights Quarterly. 17 (1995) . S 656f. Zitiert nach: Zwingel, Susanne: Was trennt Krieg und Frieden? Gewalt gegen Frauen aus feministischer und völkerrechtlicher Perspektive. Opladen 2002. S.178.
24 Diese regeln den Schutz der Zivilbevölkerung in Kriegszeiten.

Integrität. Geschützt wird der Ruf der Frau, die Bedeutung der Verletzungen des Opfers jedoch ignoriert. Demzufolge gehört Vergewaltigung nicht zu den 'schweren Verbrechen', welche in Artikel 147 der Genfer Konvention aufgelistet sind, und ist somit nicht gerichtlich verfolgbar.[25] Vor den Kriegsverbrechertribunalen von Nürnberg und Tokio nach dem Zweiten Weltkrieg hatte die Verfolgung von Massenvergewaltigungen keine Priorität.[26] Erst mit den Internationalen Strafgerichtshöfen für Jugoslawien (ICTY)[27] und Ruanda (ICTR)[28] wird Vergewaltigung erstmals in der Geschichte explizit als Verbrechen gegen die Menschlichkeit definiert.

4. 2. Die Prozesse des ICTY
4. 2. 1. Der „Čelebići-Prozess" und das Urteil gegen Anto Furundzija

1993 wurde von der UNO das Jugoslawien-Tribunal ICTY eingerichtet. Drei Prozesse können als Meilensteine in der Geschichte der Verfolgung von Vergewaltigung bewertet werden. 1996 mussten sich im so genannten „Čelebići-Prozess" erstmals Kriegsverbrecher vor einem internationalen Gericht u.a. auch wegen Kriegsvergewaltigungen verantworten.[29] Im Gefangenenlager nahe der Gemeinde Čelebići hielten während des Bosnienkrieges kroatische und bosniakische Kämpfer mehrere Hundert Serben von Mai bis Dezember 1992 gefangen. Laut UN-Bericht wurden in dieser Einrichtung Menschen getötet, gefoltert, sexuell missbraucht, geschlagen und allgemein grausam und unmenschlich behandelt.[30] Das Urteil schuf einen Präzedenzfall im Völkerstrafrecht für die Verfolgung und Ahndung sexueller Gewalt in bewaffneten Konflikten. 1998 wurde Anto Furundzija der Vergewaltigung als Mittel zur Folter für schuldig befunden.[31]

4. 2. 2. Der „Foča-Prozess"

Im „Foča-Prozess" erhob das ICTY im Juni 1996 erstmals in der Geschichte des Völkerrechts Anklage wegen Vergewaltigung als Verbrechen gegen die Menschlichkeit, weil sie Teil eines systematischen Angriffs gegen die Zivilbevölkerung waren. Die

---

25 Vgl. Zwingel, Susanne: Was trennt Krieg und Frieden? Gewalt gegen Frauen aus feministischer und völkerrechtlicher Perspektive. Opladen 2002. S.180
26 Vgl. Niarchos, Catherine N.: Women, War, and Rape: Challenges Facing The International Tribunal for the Former Yugoslavia. 1995 . Zitiert nach: Ebd. S.180
27 Langform: International Criminal Tribunal for the former Yugoslavia. (icty.org)
28 Langform: International Criminal Tribunal for Rwanda. (ictr.org)
29 Vgl. Möller, Christina: Das „Celebibi" - Urteil des ad-hoc Kriegsverbrechertribunals der Vereinten Nationen für da ehemalige Jugoslawien – eine Urteilsanmerkung. In: Streit, 18.Jg. Heft. 2/2000. S.51. Zitiert nach: Förster, Angelika: Vergewaltigung im Krieg und seine Strafverfolgung durch den Internationalen Gerichtshof in Den Haag. 2008. S.5
30 http://www.ess.uwe.ac.uk/comexpert/ANX/VIII-04.htm#III.A.42
31 http://www.trial-ch.org/de/trial-watch/profile/db/facts/anto_furundzija_180.html

Angeklagten konnten für die systematische Anwendung sexueller Gewalt und die Versklavung von mindestens 14 Frauen verantwortlich gemacht werden. [32] Die häufig im Zusammenhang mit diesem Prozess verwendete Bezeichnung „Vergewaltigung als Kriegswaffe" suggeriere eine „konzertierte Aktion oder einen Befehl an die bosnisch-serbischen Streitkräfte zur Vergewaltigung muslimischer Frauen als Teil der Kampfhandlungen"[33]. Die Richterin Florence Mumba schloss eine solche Aktion oder einen solchen Befehl nicht aus, erklärte aber, dass dieser Prozess dafür keinen Beweis erbracht habe.

Zweifelsfrei erwiesen sei, dass Angehörige der bosnisch-serbischen Streitkräfte Vergewaltigungen als „Instrument des Terrors" einsetzten, und dass sie vollkommen freie Hand dabei hatten. Die Kammer war davon überzeugt, dass die Angeklagten vorsätzlich handelten und die Vergewaltigungen bewusst als Mittel des Terrors zur Vertreibung der muslimischen Bevölkerung einsetzten. Sie handelten aus freiem Willen und waren nicht einfach Soldaten, die durch das Kriegselend ihre Moral verloren hatten. Sie waren Männer, deren Handlungsweise aus der allgemeinen Atmosphäre der Entmenschlichung des vermeintlichen Feindes hervorging und die ebenso von ihr profitierten. „Die drei Angeklagten waren mit Sicherheit weder die politischen noch militärischen Drahtzieher hinter den Auseinandersetzungen und Grausamkeiten. Aber die politischen Anführer und Kriegsgeneräle sind machtlos, wenn die gewöhnlichen Leute sich weigern, im Krieg Verbrechen zu begehen. Gesetzlose Opportunisten können deswegen keine Gnade erwarten, egal wie niedrig sie in der Hierarchie angesiedelt waren." erklärte die Richterin Mumba. [34] Durch diesen Prozess wurde, zumindest für eine bestimmte Region, ein klares Muster organisierter Vergewaltigungen im Kontext des Vertreibungskrieges gegen die bosnischen Muslime deutlich, zudem betonte er die individuelle Verantwortung der Täter. Weiterhin stellte Richterin Mumba fest, dass es „ein Ziel des Feldzugs war, die Gegend um Foca von Moslems zu reinigen, und das war erfolgreich".[35] Von den ehemals 40000 Einwohnern im Jahr 1991 wurden 1996 nur noch 23000 gezählt.[36]

---

32 Vgl. Zwingel, Susanne: Was trennt Krieg und Frieden? Gewalt gegen Frauen aus feministischer und völkerrechtlicher Perspektive. Opladen 2002. S.181.
33 Vgl. Urteilszusammenfassung, S. 3. P 6561. Zitiert nach: Mischkowski, Gabriela: Damit die Welt es erfährt. Sexualisierte Gewalt im Krieg vor Gericht. Der Foca Prozess vor dem Internationalen Kriegsverbrechertribunal zum ehemaligen Jugoslawien. In: Materialien zur Gleichstellungspolitik 95/2002. Bonn 2002.S.134.
34 Vgl. http://www.berlinonline.de/berliner-zeitung/archiv/.bin/dump.fcgi/2001/0223/politik/0011/index.html
35 Vgl. Ebd.
36 Vgl. http://www.opstinafoca.rs.ba/la/o-foci/demografija.html

5. Langfristige Folgen für die Opfer

Vergewaltigung bedeutet einen extremen Angriff auf das intime Selbst, löst massive Erniedrigung, Demütigung und Verletzung des Schamgefühls aus. Gynäkologische Erkrankungen wie langanhaltende schwere Blutungen, Infektions – und Geschlechtskrankheiten, Sterilität, das Auftreten von Karzinomen sowie Gebärmutterhalskrebs sind häufig die physischen Folgen. Auch psychosomatische und psychische Symptome wie Depressionen, Apathie, suizidale Tendenzen u.a. treten auf; sie gehören in das Krankheitsbild der posttraumatischen Belastungsstörungen.[37]

Ehegatten müssen die Schwierigkeit überwinden, dass sie die Frauen nicht schützen konnten. „Männer sehen sich durch die Misshandlung 'ihrer' Frauen in ihrer Männlichkeit beeinträchtigt. Im Mittelpunkt steht die Auswirkung auf die Männer, nicht das Leiden der Frauen."[38] Zudem sind „Die Geschlechternormen des männlichen Familienernährers und der beschützten Frau sowie das Gebot der ehelichen Treue ökonomisch und in einer fundamental durcheinander geratenen Alltagswelt oft nicht mehr lebbar."[39]

Die Opfer leiden im Frieden weiter unter dem Trauma, das sie im Krieg erlitten haben. Sie gelten als entehrt und stigmatisiert, während über die Verbrechen, die an ihnen begangen wurden, öffentliches Stillschweigen herrscht und die Täter oft in unmittelbarer Umgebung ein strafloses Leben führen.[40]

Als Verunreinigte und gleichsam lebender Beweis der männlichen Demütigung werden sie verachtet. Kinder, die aus Vergewaltigungen hervorgehen, finden bei ihren Müttern wie in der Gemeinschaft nur schwer Akzeptanz und Zuwendung. "Dort, wo ich herkomme, würde jeder, mein Mann, meine Tochter, die ganze Stadt, das Kind als letzten Dreck ansehen."[41] beschreibt die 30-jährige Einwohnerin einer ostbosnischen Stadt. Ihr Mann weiß von ihrer Vergewaltigung nichts, „er würde mich nie wieder annehmen, wenn er wüßte, was passiert ist."[42] So wie 95% der Frauen, die durch eine Vergewaltigung schwanger geworden sind, wollte sie einen Abbruch.[43] Auch dabei fehlt die betroffenen Frauen oft die Unterstützung; durch illegale und nicht fachgerechte Abtreibungen sterben viele Frauen.[44]

---
37 Vgl. Hauser, Monika. S. 4
38 Seifert, Ruth: Krieg und Vergewaltigung. Ansaetze zu einer Analyse. Freiburg 1993. S. 92.
39 von Braunmühl, Claudia: Geschlechterdimensionen gewalttätig ausgetragener Konflikte in der Internationalen Politik. Januar 2008. S.13.
40 Vgl. Brandewiede, Jutta: Zur gesellschaftlichen Anerkennung des Vergewaltigungstraumas in der BRD. In: femina politica. Zeitschrift fuer feministische Politik-Wissenschaft. 9(2000)1. S.58. In: Zwingel, Susanne: Was trennt Krieg und Frieden? Gewalt gegen Frauen aus feministischer und völkerrechtlicher Perspektive. Opladen 2002. S.179.
41 Stiglmayer, Alexandra (Hg): Massenvergewaltigung. Krieg gegen die Frauen. Freiburg 1993. S.177.
42 Ebd. S.178
43 Vgl. Hauser, Monika. S. 3
44 Vgl. frauennews S.1. o.O. o.J. Zitiert nach: Förster, Angelika: Vergewaltigung im Krieg und seine Strafverfolgung durch den Internationalen Gerichtshof in Den Haag. 2002. S. 8

Falls es für einen Schwangerschaftsabbruch zu spät ist, wird 'das Ding im Bauch'[45] abgelehnt: „Ich wusste, dass es nicht mein Kind ist. Ich wusste, was ich durchgemacht hatte. Es war kein Kind der Liebe oder aus einer anständigen Ehe. Wenn ich irgendeine Möglichkeit gehabt hätte, das Kind in mir zu töten, hätte ich es getan."[46] beschreibt eine Frau ihre Gefühle, die 1992 in Sarajewo ein Mädchen zur Welt gebracht hat und dieses sofort abgegeben hat.

6. Ansätze der Enttabuisierung und Verfolgung

„Vergewaltigung ist das Problem der Männer, nicht der Frauen, doch die Folgen der Gewalt tragen allein die Frauen."[47] Nichtbenennen, Nichtanklagen, Nichtverfolgen, und Nichtbestrafen der Täter hatte jahrelang zur Folge, dass diese unbehelligt blieben, während die betroffene Frau ein Leben unter den Spätfolgen zu leiden hatte. Die gesellschaftliche Tabuisierung führte zu Scham, über Gewaltanwendungen zu sprechen; dies führte zu weiterer Isolation und Traumatisierung. Erst die mit viel frauenpolitischem Engagement an die Öffentlichkeit gebrachten systematischen Massenvergewaltigungen in Bosnien und Herzegowina 1992 und Ruanda 1994 führten zu der Einsicht in die systematische Einbindung sexualisierter Gewalt in die Gewaltdynamik. Seitdem wird diesen in der Berichterstattung größere Aufmerksamkeit gewidmet.[48] Die Darstellung der Gewalt als individuelles Verbrechen und das gesellschaftliche Schweigegebot schützt die Täter. Die Frauenrechtsorganisation Medica Mondiale erinnerte mit der Kampagne „Zeit zu sprechen" 2005 an die Vergewaltigungen gegen Frauen im und nach dem Zweiten Weltkrieg. „Trotz umfangreicher Berichterstattung über alle Facetten des Krieges herrscht auch Jahrzehnte nach Kriegsende in Deutschland weitgehend Schweigen über die Vergewaltigungen während des Zweiten Weltkrieges. Bis heute wird das Schicksal dieser Frauen öffentlich ignoriert, haben die betroffenen Frauen weder Anerkennung noch Entschädigung für die ihnen widerfahrene Gewalt erfahren.

Das Gefühl der Schande hat Millionen Frauen in Deutschland zum großen Teil bis heute schweigen lassen über das, was ihnen alliierte Soldaten angetan haben. Die soziale Ächtung wog schwer: So manche Frau wurde von dem heimkehrenden Ehemann verlassen, als dieser von der Vergewaltigung durch Alliierte im Zweiten Weltkrieg erfuhr.

---

45 Stiglmayer, Alexandra (Hg): Massenvergewaltigung. Krieg gegen die Frauen. Freiburg 1993. S.169
46 Ebd. S.171.
47 Vgl. Hauser, Monika. S. 2
48 Vgl. Pankhurst, Donna: The 'sex war' and other wars: Towards a feminist approach to peace building. In: Development in Practice. Vol. 13. 2&3. 2003. S.154-177. Zitiert nach: von Braunmühl, Claudia: Geschlechterdimensionen gewalttätig ausgetragener Konflikte in der Internationalen Politik. Januar 2008. S.9.

Viele leiden bis heute unter chronischen Krankheiten und Depressionen, haben versucht, sich das Leben zu nehmen."[49]

In der Regel bedarf es der Intervention internationaler Organisationen, die Traumabearbeitung und medizinische Versorgung anbieten. Mit Unterstützung ausländischer Nichtregierungsorganisationen gelang es, lokale Gemeindeführer dazu zu bewegen, mit Vätern und Ehemännern über die Rückkehr ihrer geschändeten Frauen und Töchter in die Familie zu verhandeln.[50] Frauenhäuser boten in Bosnien Orte des physischen und psychischen Heilens.

So beachtenswert es ist, dass die Verfolgung von sexueller Gewalt gegen Frauen vor den Kriegsverbrechertribunalen zum Gegenstand geworden ist, umso desolater ist der mangelnde Zeuginnenschutz. Der Erfolg der Gerichte hängt erheblich davon ab, dass die Opfer den Mut zur Aussage und damit möglicherweise zu einer zweiten Traumatisierung aufbringen. Dabei müssen sie zumindest sicher sein, nicht ein weiteres Mal in ihrer Existenz bedroht zu werden.[51]

Im Juni 2008 verabschiedete der Sicherheitsrat der Vereinten Nationen die Resolution 1820, nach der sexualisierte Gewalt in bewaffneten Konflikten nun als Straftatbestand gilt. Der Rat weist darauf hin, dass Vergewaltigungen und andere Formen sexueller Gewalt als Kriegsverbrechen, Verbrechen gegen die Menschheit oder als Bestandteil von Völkermord geahndet werden können. Dies hat zur Folge, dass eine vollständige Neubewertung von Frauenhandel und so genanntem Sextourismus stattfinden muss, weil beides Formen von Folter und sexueller Versklavung sind. Der „Besuch" eines Bordells, in dem sich junge Frauen oder Mädchen aus Osteuropa oder Asien befinden, muss als Teilnahme an organisierter Kriminalität bewertet und bestraft werden - gerade, wenn es sich um Bordelle in gegenwärtigen oder ehemaligen Kriegsgebieten handelt.

7. Schlussbetrachtung

Generell haben in der völkerrechtlichen und gesellschaftlichen Wahrnehmung von sexueller Gewalt gegen Frauen beachtliche Veränderungen stattgefunden. Durch detaillierte Dokumentation der Gewalttaten wurde sowohl die Weltpresse als auch die Justiz auf die Gewalt im ehemaligen Jugoslawien und später in Ruanda aufmerksam.

---

49 http://www.medicamondiale.org/aktionen-kampagnen/zeit-zu-sprechen/
50 Zichermannn Nora: Addressing sexual violence in post-conflict Burundi. In: Forced Migration, issue 27 / 2007. S.48/49 2007. Zitiert nach von Braunmühl, Claudia: Geschlechterdimensionen gewalttätig ausgetragener Konflikte in der Internationalen Politik. Januar 2008. S. 13.
51 Vgl. Zwingel, Susanne: Was trennt Krieg und Frieden? Gewalt gegen Frauen aus feministischer und völkerrechtlicher Perspektive. Opladen 2002. S.181.

Bosnien war nicht der erste und nicht der letzte Fall, bei dem sexualisierte Gewalt Teil der Kriegshandlungen war. Im Jahr 2001 schaute die Weltöffentlichkeit auf Afghanistan. Für Sierra Leone und Osttimor wurden von den Vereinten Nationen Gerichtshöfe eingerichtet, die trotz anderer Funktionsweise eine ähnliche Zielsetzung haben wie ICTY und ICTR. Wie auch immer gestaltet: Wichtig ist, dass kein Täter mehr damit rechnen kann, ungestraft davon zu kommen. Welche Instanzen sich mit der Aufarbeitung der Verbrechen und ihrer Bestrafung auseinander setzen, ist eine wichtige Frage. Noch wichtiger aber ist der politische Wille, die Aufarbeitung zu ermöglichen.

Ungeachtet der bis dahin unbekannten weltweiten öffentliche Aufmerksamkeit war an den Verhandlungen in Dayton 1995 keine einzige Frau beteiligt.[52] Die Partizipation von Frauen in den entsprechenden Instutitionen halte ich für unabdingbar.[53]

---

[52] Vgl. von Braunmühl, Claudia: Geschlechterdimensionen gewalttätig ausgetragener Konflikte in der Internationalen Politik. Januar 2008. S.14.
[53] Auch unter Beachtung der UN-Resolution 1325 aus dem Jahr 2000, die die gleichberechtigte Partizipation der weiblichen Bevölkerung sowohl an internationalen Friedensmissionen als auch an den Friedensverhandlungen vorschreibt.

8. Literaturverzeichnis

Harder, Cilja und Rosz, Bettina (Hrsg.): Geschlechterverhältnisse in Krieg und Frieden. Perspektiven der feministischen Analyse internationaler Beziehungen. Opladen 2002.

Engels, Bettina und Chojnacki, Sven: Krieg, Identitaet und die Konstruktion von Geschlecht. November 2007. Verfügbar über:
http://web.fu-berlin.de/gpo/engels_chojnacki.htm (28.03.2010)

Förster, Angelika: Vergewaltigung im Krieg und seine Strafverfolgung durch den Internationalen Gerichtshof in Den Haag. 2002. Verfügbar über:
http://www.sicetnon.org/modules.php?op=modload&name=PagEd&file=index&topic_id=39&page_id (28.03.2010)

Hauser, Dr. Monika: Rede im Roten Rathaus Berlin vom 27.06. 2005. Verfügbar über:
http://www.vertriebene-frauen.de/text/links.htm

Mischkowski, Gabriela: Damit die Welt es erfährt. Sexualisierte Gewalt im Krieg vor Gericht. Der Foca Prozess vor dem Internationalen Kriegsverbrechertribunal zum ehemaligen Jugoslawien. In: Materialien zur Gleichstellungspolitik 95/2002.
Hrsg. Bundesministerium für Familie, Senioren, Frauen und Jugend in Kooperation mit medica mondiale Bonn 2002. Verfügbar über:
http://www.medicamondiale.org/infothek/publikationen/ (28.03.2010)

Seifert, Ruth: Krieg und Vergewaltigung. Ansaetze zu einer Analyse. In: Stiglmayer, Alexandra (Hg): Massenvergewaltigung. Krieg gegen die Frauen. Freiburg 1993. S. 85-108.

Stiglmayer, Alexandra (Hg): Massenvergewaltigung. Krieg gegen die Frauen. Freiburg 1993

von Braunmühl, Claudia: Geschlechterdimensionen gewalttätig ausgetragener Konflikte in der Internationalen Politik. Januar 2008. Verfügbar über:
http://web.fu-berlin.de/gpo/claudia_braunmuehl.htm (28.03.2010)

Wasmuth, Ulrike C.: Warum bleiben Kriege gesellschaftsfähig? Zum weiblichen Gesicht des Krieges. In: Harder, Cilja und Rosz, Bettina (Hrsg.): Geschlechterverhältnisse in Krieg und Frieden. Perspektiven der feministischen Analyse internationaler Beziehungen. Opladen 2002. S.87 – 103.

Zwingel, Susanne: Was trennt Krieg und Frieden? Gewalt gegen Frauen aus feministischer und völkerrechtlicher Perspektive. In: Harder, Cilja und Rosz, Bettina (Hrsg.): Geschlechterverhaeltnisse in Krieg und Frieden. Perspektiven der feministischen Analyse internationaler Beziehungen. Opladen 2002. S.175 – 188

weitere Internetquellen: (alle Stand 28.03.2010)

Bericht zu Anto Furundzija
http://www.trial-ch.org/de/trial-watch/profile/db/facts/anto_furundzija_180.html

Bericht zu dem Gerichtsurteil Foca
http://www.berlinonline.de/berliner-zeitung/archiv/.bin/dump.fcgi/2001/0223/politik/0011/index.html

Bericht der Vereinten Nationen
http://www.ess.uwe.ac.uk/comexpert/ANX/VIII-04.htm#III.A.42

Website der Frauenrechtsorganisation Medica Mondiale
http://www.medicamondiale.org/

Website der Gemeinde Foca
http://www.opstinafoca.rs.ba/

Website des 'International Criminal Tribunal for the former Yugoslavia'
http://www.icty.org/sections/AbouttheICTY

Website des International Criminal Tribunal for Rwanda
http://ictr.org/default.htm

BEI GRIN MACHT SICH IHR WISSEN BEZAHLT

- Wir veröffentlichen Ihre Hausarbeit, Bachelor- und Masterarbeit
- Ihr eigenes eBook und Buch - weltweit in allen wichtigen Shops
- Verdienen Sie an jedem Verkauf

Jetzt bei www.GRIN.com hochladen und kostenlos publizieren